PIELES

NOELIA Mª BONILLA JIMÉNEZ

Platero
COOLBOOKS

Título: Pieles

Primera edición: mayo, 2024

© 2024, del texto Noelia Mª Bonilla Jiménez.

© 2024, de la edición, maquetación y diseño Platero CoolBooks.

© 2024, de las ilustraciones de cubierta e interior, Rocío Lara Torrejón.

© Platero Editorial S.L.

Glorieta Fernando Quiñones s/n .

Edif. Centris, planta 2, módulo 10. 41940 Tomares (Sevilla)

info@plateroeditorial.es

www.plateroeditorial.es

Diseño de cubierta: Platero Coolbooks.

Printed in Spain-Impreso en España

ISBN: 978-84-10062-46-7

PRÓLOGO

Comenzar a escribir para algunas personas es una necesidad vital. Hace tiempo leí en un artículo que la vida y la escritura están interrelacionadas: «No sé cómo se vive sin pensar en cómo reescribir lo que se vive».

Es quizá lo que sucede cuando Noelia Bonilla comienza a escribir: en ella subyace un ser poético, un sentido poético de las cosas. Porque hay personas que encuentran el verso en aquello que miran, su visión de la realidad viene acompañada del ritmo y la métrica de las palabras, conviven con la poesía de lo cotidiano («Reescribir aquellos versos / en una servilleta de papel del café de la esquina»).

Es como si nuestras historias vivieran porque están escritas, como si vida y escritura fueran una misma cosa: «HOY EL AZAR te atrajo a mí. / Una hoja de papel abandonada en un cajón cualquiera, / una carta inconexa que tal vez hablara de amor». Y como si la vida no existiera si no está escrita: «No encuentro páginas que hablen de mí contigo /… No queda nada».

Pero también la poesía es una forma de libertad, de expresión del ser, como lo es el amor. Y el amor es escribir sobre lo eterno. Si desandáramos el hilo de la poesía, quizás tocáramos el origen: los poemas orales que, probablemente con balbuceos, gestos o signos, las mujeres construyeron en las cavernas para poner voz a lo que sentían; como, igualmente, esas mujeres debieron ser las que decoraron con pinturas las paredes de los que fueron sus primeros hogares. Y, en este libro, el ritual se repite: dos mujeres que desde la escritura y la ilustración, vuelven a hablarnos sobre la experiencia amorosa, conectándonos nuevamente con el origen. Estamos ante un libro hecho por dos mujeres y en el que la voz y los trazos de ambas se conectan con ese hilo invisible de la poesía amorosa de todos los tiempos.

Porque en este libro, su autora, viene precisamente a eso, a contarnos la experiencia amorosa, a recordarnos lo que ocurre cuando amamos, el transitar del amor en todo su proceso. Un amor que, como apuntábamos, ya estaba escrito desde hace siglos: «La hora, el minuto, el segundo exacto, / desde hace siglos». Un amor que quizás viene contándose desde los orígenes de los tiempos «en un quererse antiguo / en un amor no caduco, / en un sentirse desde siempre».

El libro conecta así, de una forma consciente o inconsciente por parte de la autora, con todo el pasado de la poesía amorosa, con ese imaginario colectivo a través del cual la historia de la literatura nos ayudó a entender el amor, a vivirlo. Un imaginario en el que todos habitamos a la hora de sentir la experiencia amorosa. Y es que la literatura ha construido nuestra forma de vivir, ha colaborado en crear el concepto de vida en el que hoy nos movemos.

Y es por ello por lo que en el libro se dibuja la estela de todos aquellos autores que contribuyeron con sus versos a edificar este legado. Un legado que está ahí, en nuestro subconsciente, y que se deja ver cuando escribimos (también cuando vivimos).

Noelia Bonilla escribe una biografía del amor en todos sus estados: el azar, el encuentro, el deseo y la búsqueda («ME PINTÉ la boca y salí a tu encuentro como un perro que busca amo»); el amor visible o el secreto y no expresado, «desde el otro lado». También el amor que defrauda («NO TENÍAS nada que ofrecerme / y tardé en darme cuenta»), el que se acaba («Lo enterramos en cal viva / como un cadáver que debe ser sepultado»), el que intenta salvarse desde la esperanza («siempre espero / como un viajero errabundo /

ese tren que no llega»), o el que ya sólo es un recuerdo («RE-VISO en el móvil tus fotografías. / Lo hago cada día como una costumbre cotidiana»).

Pero el amor también es abandono, posesión, falta de comunicación («LO NO DICHO / ahora vuelve, / se hace presente»). Amor como daño y violencia, destrucción: «SIN SABERLO le di de comer a la bestia».

Y, al final, amor que pervive más allá de la muerte: «Mañana iré de nuevo a tu tumba, / pondré rosas frescas / y pasearemos juntos / entre los cipreses».

Con este su primer libro, Noelia Bonilla se estrena en el verso con la belleza y la humildad de lo recién nacido. Y como recién nacida a la escritura, tendrá toda una vida de páginas por delante para seguir creciendo en las palabras. El fondo y la forma, el desvelo de no dar con la palabra exacta, la ilusión de crear y encontrar la belleza, la búsqueda del equilibrio, todo está en su poesía... la vida misma.

«AHORA tengo voz» —escribe la autora—. Y es lo que recoge este libro, la voz de una mujer que en su primer poemario nos ofrece una visión sobre el amor. Visión que, probablemente, late en todos nosotros, porque ahí radica la razón de la escritura: la de poner en palabras la vivencia de todos, la experiencia colectiva, nuestra biografía como lectores. Y lo hace desde su propia voz, porque cada voz aporta, y cada voz derrota «la inercia de creer que todo está dicho, que todo está vivido».

Arturo Morillo,
Gestor Cultural y Filólogo

Índice

Como si se pudiese elegir en el amor, como si no fuera un rayo que te parte los huesos y te deja estaqueado en la mitad del patio.

—*Rayuela*, Julio Cortázar

I

PORQUE NO pudo haber
mejor forma de amarse que la nuestra.
Derrotamos la inercia de creer que todo está dicho,
que todo está vivido.
Inventamos formas de desconocernos
para volver a comenzar la historia
como si nos hubiésemos dado el primer beso
o paseáramos de nuevo por el bulevar de siempre.
Reescribir aquellos versos
en una servilleta de papel del café de la esquina,
donde nos robábamos miradas
sin saber aún lo que nos unía.
Sentirnos de nuevo en la misma piel,
amándonos hasta desgastar la noche.

II

HOY EL AZAR te atrajo a mí.
Una hoja de papel abandonada en un cajón cualquiera,
una carta inconexa que tal vez hablara de amor.
Decidida a desempolvar la memoria de materia muerta,
disipo las incertidumbres y enciendo la mecha.
Ahora todo vuelve a estar limpio,
los muebles,
el pasado.
Y ya no te recuerdo.
He olvidado el sonido de tu nombre,
la textura de tu voz.
He olvidado.
No encuentro páginas que hablen de mí contigo.
Es como si una densa niebla las hubiera impregnado
o un viento extranjero se hubiera llevado las palabras
y no quedaran ni frases deshojadas esparcidas por el suelo.
No queda nada.

III

SE DESGRANA violáceo el ocaso
mientras te espero,
mientras nos esperamos.
Jueves, las ocho, donde siempre.
El lugar, el día, la hora exactos.
La tarde se derrota,
se rinde a los secretos.
La hora, el minuto, el segundo exacto,
desde hace siglos.
Conversamos,
reímos,
lloramos,
nos besamos
y envejecemos juntos cada jueves a las ocho.
Envejecemos.
Las arrugas nos trepan como la hiedra,
dejándonos a oscuras
en una tupida maraña de coartadas y engaños.
Y nos negamos.
Laberinto de piedra y mármol,
frío como la muerte.
Nunca nos importaron otros.
Nunca.
Pero el futuro duele,
duele con su corrosiva ausencia.
Busco luz y no la encuentro.
Y me socava este amor que no florece, sólo hiberna.

IV

CARTOGRAFÍA de tu cuerpo desnudo,
formas rectas y curvas en una simbiosis perfecta.
Mis yemas ascienden y se precipitan
desde tu nuca a los tobillos
no dejando espacios de tu silueta sin delatar,
cada milímetro, cada secreto,
con la mesura de quien relee una declaración de amor,
con la urgencia que me pide el clamor de este deseo.
Y todo es magia.

V

DEJAS ENCENDIDA la luz de la mesita
aguardando esa llamada que nunca llega
y relees la hoja paladeando sus palabras
como si no fueran las últimas.
El viento toca el cristal con la prudencia de siempre,
susurra mensajes que no quieres oír.
Las horas navegan por la habitación,
la noche se estrecha,
te oprime,
te humilla.
Y con el canto silente de las lechuzas,
desarropada te duermes en un llanto ahogado,
agotada en la espera,
mientras contrita, la lamparita languidece.
Otro día más,
otra noche,
otro día,
otra noche...

VI

EL ALBA atraviesa el cristal.
Un rayo de luz reposa sobre mi espalda, cordillera antigua.
El tiempo creció,
trazó sus sendas,
simas, riscos, praderas plácidas,
pero desde el otro lado contemplas
con la certeza de que nada ha cambiado.
Y tu amor serpentea
sin premura,
lentamente,
profanando mi morada.

VII

COMO LA CUERDA de una cometa
tiras de ella para que no se aleje o el viento la disperse.
La cometa quiere volar,
quiere migrar con las nubes orondas y albinas
hasta donde las reclamen los árticos.
Quiere planear con los milanos de ojos telescópicos,
buscando crestas nevadas.
Quiere beber lluvia,
combatir la tormenta con su estoque afilado.
Quiere...
Y tus miedos se aferran a su cuello de cisne,
a sus alas rotas de libélula niña,
de cometa mutilada.

VIII

NADIE LO SABE.
No lo saben los cerezos ni sus flores de nieve.
No, no lo saben.
Ni las golondrinas en su abigarrado aleteo.
No, no lo saben.
No lo saben los grillos,
cantores tenaces que ahuyentan mis miedos.
No, no lo saben.
No lo sabe la blusa que sostiene mis hombros
ni la danza espontánea de mi tímida falda
ni mis zapatos discretos,
tampoco las huellas que te voy dejando
como estigmas en la arena.
No, no lo saben.
Nadie lo sabe.
Tú no lo sabes.
Sólo yo y la lividez de mi boca con su condena a muerte,
el temblor de mis dedos calcinados de arder y no tocarte.
Sólo mi mirada insonora que se evapora al verte.

SOLEDAD ESPACIO CONEXIÓN EXTRAÑOS AMOR ENCUENTROS PERDONAR SILENCIO COMPRENSIÓN RECONOC... VACIO

IX

LO NO DICHO
ahora vuelve,
se hace presente
como un analgésico contra dolores añejos.
La melancolía encallada se torna liviana,
la mirada amable.
Hablar,
tan simple,
tan fácil,
tan mezquino...
Hablamos,
con otro tempo,
sin aristas,
sin desgarros.
¿Por qué esa torpeza y ese extrañamiento?
¿Por qué?

X

HOY NO has querido comer
pero me has pellizcado una nalga y guiñado un ojo.
Me he sentido un poquito más feliz.
Esa simpleza, ese gesto, esa brevedad
me evocan los bailes de verbena en la plaza,
la envoltura de tus manos en mi pelvis,
el olor del verano y sus jazmines
las noches de Vía Láctea.
Sonrío,
pero tú me miras con esa ausencia dolorosa
que me recuerda donde estoy,
donde estás tú.
La orquesta deja de tocar,
el silencio regresa, también el otoño.
Siempre es otoño en esta casa,
se nos caen encima las hojas secas.
Vuelvo a la rutina,
a las preguntas sin respuesta,
te acompaño al baño,
perfumo tu cabello,
te limpio las babas
y te afeito con delicadeza.
Entristezco,
pero no te quiero menos,
no temas,
sólo tuve un mal día.

XI

SIN SABERLO le di de comer a la bestia,
ese amor tuyo que desborda,
que colapsa,
que se vierte sobre mí
como una tormenta encarnada,
que no cesa y destruye,
adherido a mí,
nutriéndose.
Alimenté su ego,
le di de beber.
Henchido libándome,
lo torné voraz,
lo torné mi enemigo.

XII

TU CUERPO, Pachamama,
yo espigón varado
en tu cintura de coral extinto.
El mañana está en ti,
donde el tiempo se extiende
de tu sien al preludio de tus piernas,
sin obstáculos y al arbitrio de mi deseo.
Toda tú,
herética,
en mi conciencia primitiva y pueril
que no entiende de amor si no es contigo.

XIII

ASIDA A MÍ,
a mi carne,
a la urdimbre que he ido tejiendo
en la desnudez para protegerme,
a mis cicatrices,
emponzoñando mis venas de tu veneno.
Sediento me dejo hacer
en una agonía lenta que nunca expira.
Y te amo,
mientras tú me quiebras en cada latido
y me derrotas con una sola mirada.

XIV

NO TENÍAS nada que ofrecerme
y tardé en darme cuenta.
Matices...
Eran matices los que me hicieron ver
la otra cara de la moneda.
Observaba por el retrovisor
y no encontraba dónde asirme.
Las esperas...
Las contrariedades...
Los pretextos...
Las noches huecas, mudas, invisibles...
Me fui haciendo cristalina sin saberlo,
donde todo se veía,
hasta mi latido a contratiempo.
Había llegado el momento de soltar amarras
y casi siempre los nudos se resisten a ser deshechos.
He desandado una vida entera contigo
y hoy, desnuda a la intemperie,
siento mi piel como el único abrigo posible.
El frío no es tan salvaje como había imaginado.
Ni la soledad tan perversa compañera de almohada.

XV

CUÁNTO HEMOS de vivir sin caer en el olvido,
caminar sobre una tierra estéril de ilusiones
y recuerdos enterrados.
Cuánto hemos de sentir la mordida de la muerte,
su mandíbula lacerante.
Un mirar de tardes solitarias.
Solos tú y yo frente al voraz cronómetro del tiempo,
que transcurre traicionero y acechante.
Solos tú y yo,
en un quererse antiguo,
en un amor no caduco,
en un sentirse desde siempre,
en una cuenta atrás cada segundo.
Solos tú y yo,
aún vivos
y en un solo cuerpo.

XVI

ME PINTÉ la boca
y salí a tu encuentro como un perro que busca amo.
Fui desechando opciones,
todos se me antojaban idiotas,
pero tú,
tú no,
tú eras diferente.
Eras vértigo
y en ti me quedé
para lanzarme al vacío.
Una yonqui de tu boca canalla y de tus manos de látigo.
Acero duro.
Alto voltaje.

XVII

HOY HEMOS vuelto al principio.
Me calzo de promesas y camino.
La inercia me lleva,
miro hacia atrás, estás ahí, en el mismo lugar
y te veo al trasluz,
sé lo que hay dentro,
pero espero,
siempre espero.
Cada comienzo idéntico al anterior,
una cena inesperada,
un regalo sorpresa,
un beso en la mano,
un «te quiero» fingido.
Y todo lo sé,
pero espero,
siempre espero
como un viajero errabundo
ese tren que no llega.

XVIII

DURÓ lo que un rayo de luz fugaz,
una milésima de este tiempo finito que nos abriga.
Duró una pizca de lo que tal vez hubiera sido o no serlo,
pero fue bonito,
fue tierno
y significó,
poco o mucho,
mas estuvo,
mas se fue.
Batiendo alas,
resignado,
quejumbroso,
dejando huellas,
dejando signos,
dejando la memoria raída y desgasta.

XIX

NO HUBO valor para romper esquemas,
derruir muros,
librar batallas.
La quietud nos hizo de cartón piedra.
Definimos los límites como fronteras en guerra
y elegimos la trinchera al doble salto mortal.
Lo fácil a lo incómodo,
la renuncia a probar suerte,
la certeza a lo errático.
En fin,
fuimos libres,
sólo eso.

XX

Y ENCONTRARON la forma de amarse,
sin vivirse,
sin saberse,
a ciegas,
a hurtadillas,
desde el otro lado,
tras la puerta,
a oscuras,
bajo el miedo,
bajo el frío y ateridos,
sin quererlo.

XXI

UNO FRENTE al otro,
me miras como siempre,
sin hacerlo pero vaciándome,
dejas sólo mi piel vítrea.
Te acercas,
me diluyo como la bruma en el horizonte.
Me clavas certero ese amor ingenuo.
Y yo, volátil, me disgrego,
soy aire.

XXII

LLEGAN TUS RISAS
como un sinfín de vencejos en su peregrinaje,
y te siento en las ondas de la hierba que tapiza mi jardín.
Tú, que llenas mi copa de licores exóticos,
no encuentro un lugar ausente de esa luz que en ti germina
y apareces en mi memoria de vieja alma derrotada.
Te he esperado en otras vidas
y llegas a ésta como una pluma liviana,
que dormita en mis dedos de noche fría y tardía.
Tú, amor,
que nada me pides
y me haces pequeño,
me entregas el verbo y el silencio elocuente
con la cadencia de las olas en la orilla.
Recorro tus formas de agua clara
como una lluvia de gozo sobre mis heridas.
Y me amas,
simple,
transparente,
en calma.
Y te amo como un mendigo y su hambre
que sólo en ti respira.

XXIII

REVISO en el móvil tus fotografías.
Lo hago cada día como una costumbre cotidiana,
consciente,
necesaria.
Así echo raíces en mí mismo
para no olvidarte.
Tú lo llamas «amor sucio»,
yo lo llamo «mi alimento».
Y da igual tu indiferencia,
no dejaré de existir
por mucho que taches mi nombre
en el historial de tus recuerdos.

XXIV

SE ROMPIÓ la magia
como se fragmenta una rama seca.
Así fue,
y cerramos el círculo,
se fundieron los extremos en un punto.
Y nada permaneció de lo que hubo.
Murió.
Lo enterramos en cal viva
como un cadáver que debe ser sepultado.

XXV

ME MIRO en el espejo, te veo reflejada.
En la copa de vino, tu carmín en el borde.
Me siento en la mesa, coloco otro plato y comienza la cena,
tu comida favorita,
no podía ser menos.
De postre un café para seguir despierto,
como cada noche.
Sirvo otra taza,
solo sin leche, como a ti te gustaba.
Hablo en voz baja de lo bien que te sienta ese corte de pelo
y escucho tu risa desde la otra butaca.
La madrugada confidente para encubrir este exilio.
Mañana iré de nuevo a tu tumba,
pondré rosas frescas
y pasearemos juntos
entre los cipreses.

XXVI

AHORA tengo voz,
me extirpé la mordaza a dolor vivo
y no piso los charcos
ni me enlodo hasta las rodillas,
salto sobre ellos,
ágil,
sin lastre.
Hablo otros idiomas que no son el tuyo,
privado de música y de poesía.
Me cubro con mi capa de amor propio,
arrojándome a la vida sin temor a nada,
Todo huele a violetas.
Mi casa es otra, soy yo.
Tú, nieve que se agolpa en las ventanas.
No abriré las puertas,
ya no,
ya no.

XXVII

EL SILENCIO, un gran aliado,
no te obliga a estar a la altura de nada ni de nadie.
Permite estar en ti como te plazca.
Fuera o dentro del mundo
en la forma que tú eliges.
Un privilegio exquisito.
El silencio no es una oquedad.
Gran comunicador,
aunque los fonemas no adquieran forma alguna.
El silencio... nuestro lenguaje.

XXVIII

SE FUE desgastando como una piedra en la orilla,
rodada por los envites del oleaje.
No encontraba su lugar,
ni territorio donde enterrar sus pies audaces.
Caminaba por inercia tras la estela
mientras el viento y el agua deshacían sus pisadas.
Devino en aire y brisa
rendido de aguardar el instante que no llegaba.
Y fue así que el océano devoró ese amor
una noche profunda junto al rompeolas.

XXIX

POLVO DE HUESOS,
mirada de túnel.
En el umbral, aguardando.
Arde el pasado consumido en brasas,
y aspiro los rescoldos.
Te purificas contemplando tu ombligo como un cíclope.
Pero yo no perdono.
No el desamor,
no la piel extenuada viuda de unas manos amables.
Mujer despojada.
Vasija de escombros.
No me has dejado ni la nostalgia de vivir.
No perdono tus últimos días.
No perdono la infamia agolpada en tu boca
que ahora muerde la tierra.
Yo no perdono.

XXX

EL CIELO, difuso.
He bebido demasiado.
Las nubes arrojan de nuevo cenizas.
No encuentro motivos para levantarme de la cama
y la madrugada permanece en esta habitación
como la botella sobre la mesita, siempre llena.
En cada sorbo siento tu boca como una fuerza perdurable,
que no se ahoga en el fondo de la copa.
Duele.
Quiero dejar morir cada uno de mis minutos en tu costado,
como un animal sin abrigo,
permanecer sintiéndote.
He tenido tiempo para saber
cuánto he dejado atrás,
ahora te respiro
en el olvido y el destierro.
No tengo derecho
a pedir que vuelvas,
pero sí a vivirte
de la única forma que sé hacerlo.

XXXI

CON EL VIENTO de cara
devastando la memoria,
a solas frente a mí misma estoy.
Te busco cuando deslumbra la luna
y vienes hacia mí.
Llegas con el alma abierta
y los brazos encendidos,
sin censuras,
con la mirada íntegra,
nítida,
sin fisuras.
Con un dolor sangrante
y tus labios entregados.
Vienes a mí,
es todo lo que espero.

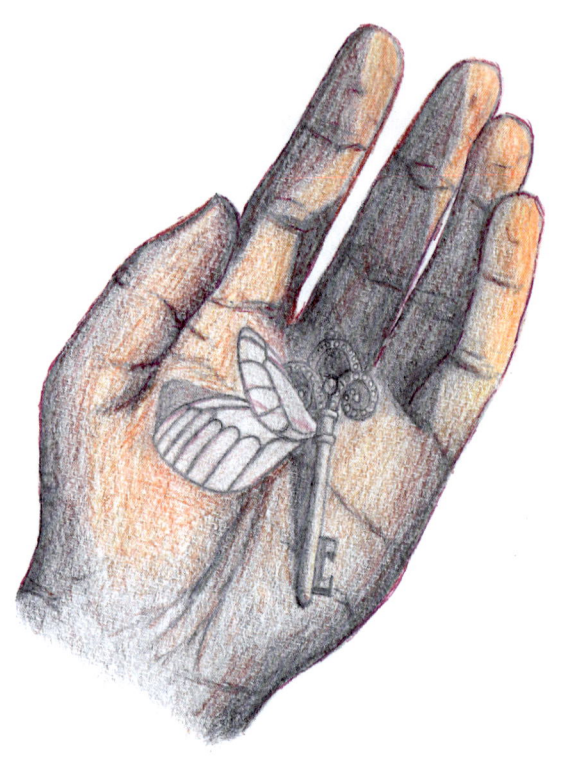

XXXII

VIENES Y VAS.
Te marchas y regresas de nuevo
y en esas idas y venidas
consumes tu soledad
y a mí me haces perder el tiempo.
No soy tu hogar, ni tu puerto.
Desesperas el desarraigo en mi espalda
y la carga me doblega
hasta lamer el polvo.
No me queda hueco
para tanto hastío.
Me he cerrado con doble vuelta de llaves,
saldé mis deudas contigo.

XXXIII

MIRO por una ventana
y por el ojo de una cerradura
y por la ventanilla de un coche
y por la espesura de un bosque
por si hallara algo sólido que no me dé vértigo.
Miro,
desvaneciente...
Te miro pero tú no ves nada ni a nadie.
Tú no me ves.
Y te hago señales con antorchas,
cabriolas suspendida de una cuerda,
y no me ves
tan sola,
tan sola.

XXXIV

TINTINEO de dedos en el teclado mientras el café humea.
Desde la otra mesa me observas de soslayo,
en la mano un libro,
la intención en este lado.
Percibo la intromisión,
el juego parece interesante,
no tienes permiso y lo sabes,
te lo hago saber con una sonrisa y
me la devuelves como un *boomerang*.
Dardos invisibles en mis tripas,
fuegos artificiales en tu garganta.
Tu secreto al descubierto,
rubor de un lado, complacencia del otro.
Buen comienzo para un *rendez-vous*.

XXXV

UN BESO no es algo tan prosaico como unir labio con labio
o dejar a su antojo el juego sutil de las lenguas.
Explosión íntima.
Morirse en un instante
o padecer de muerte lenta.
Besos robados, repentinos,
con el sabor del deseo inacabado...
Circulares,
donde volver al punto de partida siempre el comienzo.
De bocas escondidas, desenfreno...
Y besos como los nuestros,
pequeños,
en los límites...
sin llegar a...
Colisión atómica.
Cataclismo.

XXXVI

LA MENTIRA puente para llegar a mí,
a todos mis rincones.
Tu mezquindad
tatuada en mis vísceras
a hierro y fuego.
En la tela de araña estoy,
paciente esperas en tu escondrijo
hilando la trama para salir ileso,
mientras yo
no tengo armas para desvanecerme
ni alzar el vuelo.

XXXVII

Nos amamos bajo la luna
como dos lobos,
febriles,
licenciosos,
malditos.
Sólo piel,
carne,
instinto.
Voraz metamorfosis.

XXXVIII

TUS OJOS,
subversivos,
traspasan mis fronteras
y se expanden en mí como un magma,
agudos,
inquisitivos,
transgrediendo límites.

XXXIX

SUBE EL TELÓN, todos a escena.
Te veo, me ves, comienza la farsa.
Sonrisas, guiños, halagos...
rituales domésticos, cortejo de manual, nada nuevo.
La mejor de tus máscaras
y el juego me ciega,
ya estoy en el vórtice.
Caeré, pero quiero más,
otra dosis,
otra...
Desapareces.
Reapareces,
desapareces.
Episodios paranormales.
Este es el pulso,
marcas el ritmo con la batuta
y tu página sigue en blanco.
El juego ya no divierte, Houdini.

XL

ESTÁS EN MÍ,
de una forma extraña que detesto,
pero estás.
Te empeñas en permanecer frente a todo,
latente,
aguacero tenaz
sobre un tejado roto,
tictac de reloj
en una habitación blindada y ciega.
Inmarcesible,
derramas sobre mí
tus lágrimas narcóticas.
Asfixia.

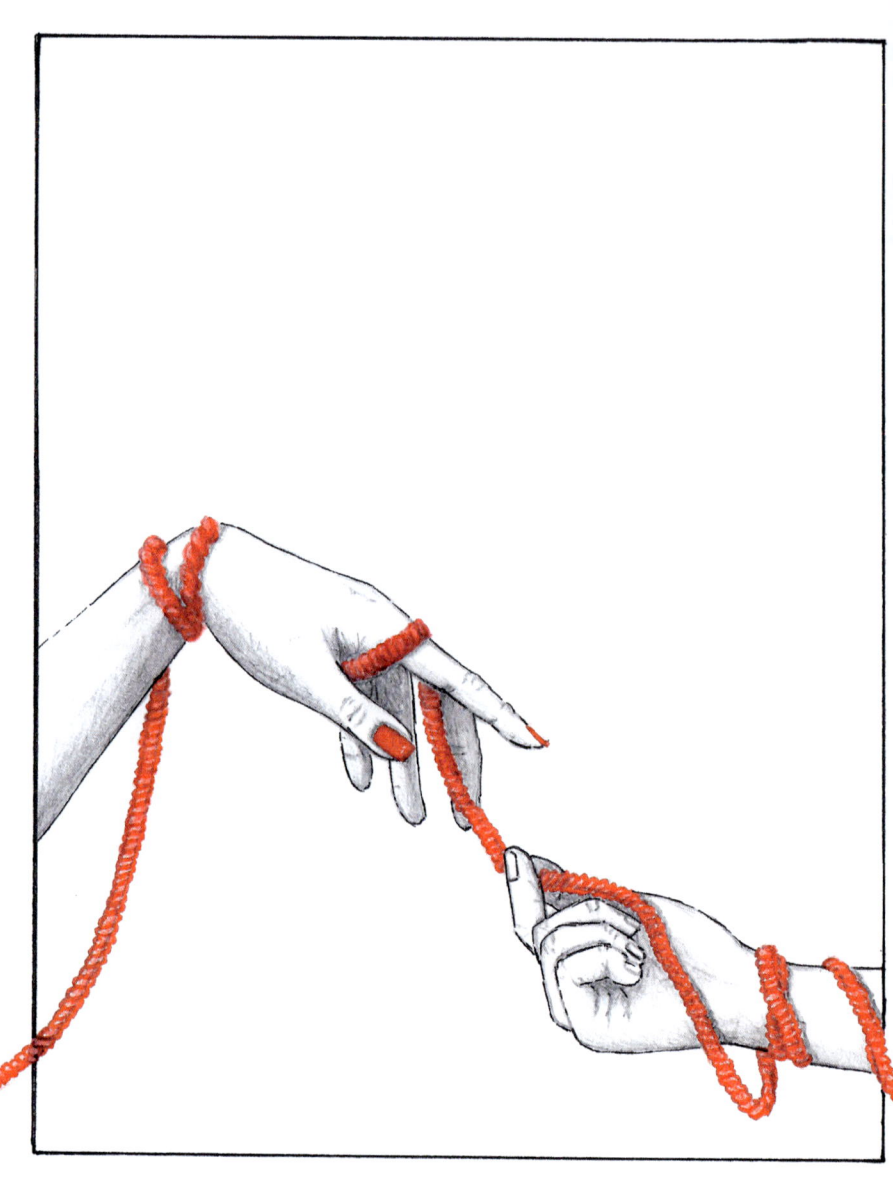

XLI

NO SÉ hasta cuándo esta vigilia, esta resaca…
No sé hasta cuándo tú en cualquier esquina...
En la cola del supermercado...
En la lista de la compra...
En el recibo del banco...
En la pantalla del móvil...
En estos versos…
En estos versos.
No sé.
Este sincretismo...
Disecciono las dudas,
las recompongo en otro tejido,
buscando lucidez,
pero el entramado sigue siendo el mismo.
No sé hasta cuándo...

XLII

«VETE, MÁRCHATE».
El aguijón deja rasguños,
hendiduras donde cabe una mano,
un brazo,
un cuerpo entero.
Un cuerpo en otro cuerpo.
Te extirpo, suturo y no sano.
No sano.
Un cuerpo en otro cuerpo.
No te vas ni te marchas.
Y la pulsión agiganta la herida hasta cubrirme entera.
Debe ser una expiación merecida
por amarte tanto.

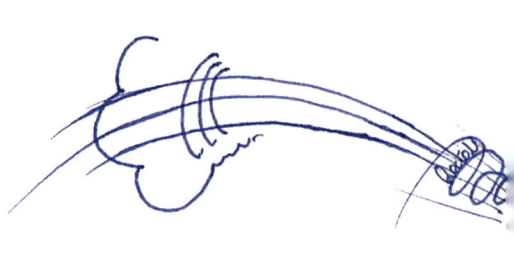

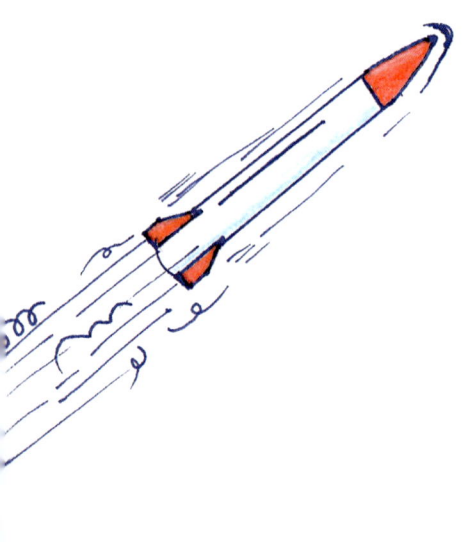

XLIII

VIENES hacia mí como un proyectil,
la mirada crepitante.
Te acercas analizándome,
no queriendo invadir un espacio que no te pertenece.
Buscas el modo de estar,
de sentirme,
sólo eso.
Y orbitas a mi alrededor
como un nómada abnegado.
Qué simple es amar
y qué complicado lo hacemos.
Pero es divertido.

XLIV

DESECHO todo lo que huele a ti,
lanzo por la ventana la curvatura de tu boca,
y a la papelera tu perfil carnívoro,
pero la noche arremete en mi contra
y pide explicaciones
del tálamo baldío.
El deseo
se escapa indómito,
regresa de manos vacías con agrios reproches.
Y no sé hablar,
he perdido la voz en mi batalla por retenerte.

XLV

ON MARCHE sous le ciel allumé de Paris.
Seguimos la estela de las nubes como sombras furtivas.
El pasado anclado a nuestros pies.
Sobre el puente
los enamorados encadenan sus corazones a la barandilla
y al mirarlos rozamos nuestros dedos creyéndonos libres.
Los sauces languidecen sobre el Sena,
su llanto nuestra guarida,
sus hojas mustias nuestro techo.
Las farolas reflejan en el agua la vida nocturna de la ciudad y
la oscuridad se cierne sobre nosotros como un cuervo negro.
La desesperanza vuelve a unirnos,
el amor se difumina.
En el aire la música con su nostalgia viajera,
de aquí a allá
las notas del acordeón evocan una canción marchita,
lenguaje secreto de otros amantes,
y la soledad ya no es tan fría, ni la huida tan estéril.
El dolor se va plegando
hasta hacerse pequeño, casi invisible.
La corriente lo arrastra,
lo aleja.
Y la luz se esboza en nuestras bocas mudas frente al río,
al calor de los álamos y los sauces.
Sous les lampaduires et le ciel taciturne de Paris,
tout n'est pas perdu.

Agradecimientos

A Platero Editorial, por confiar en mí con decisión desde que les envié el borrador del poemario.

A Arturo Morillo, por sus inestimables consejos, su sabiduría poética y las emotivas palabras vertidas en el prólogo, maravilloso texto donde late en plenitud el espíritu del poemario.

A Mamen y demás compañeros del taller de escritura creativa de la Fundación José Manuel Lara, con los que comparto el placer de utilizar la palabra como instrumento para transmitir y crear y de los que nunca dejo de aprender.

A mi marido, por su apoyo incondicional, por darme el empuje necesario para superar barreras y miedos.

Y, por último, a Rocío Lara, excepcional pintora, dibujante y amiga, porque con sus ilustraciones el poemario cobra vida, respira, palpita. Por saber captar con maestría y sensibilidad la esencia de cada verso y cada palabra en la imagen, el color y el trazo. Porque me ha completado en este proyecto.